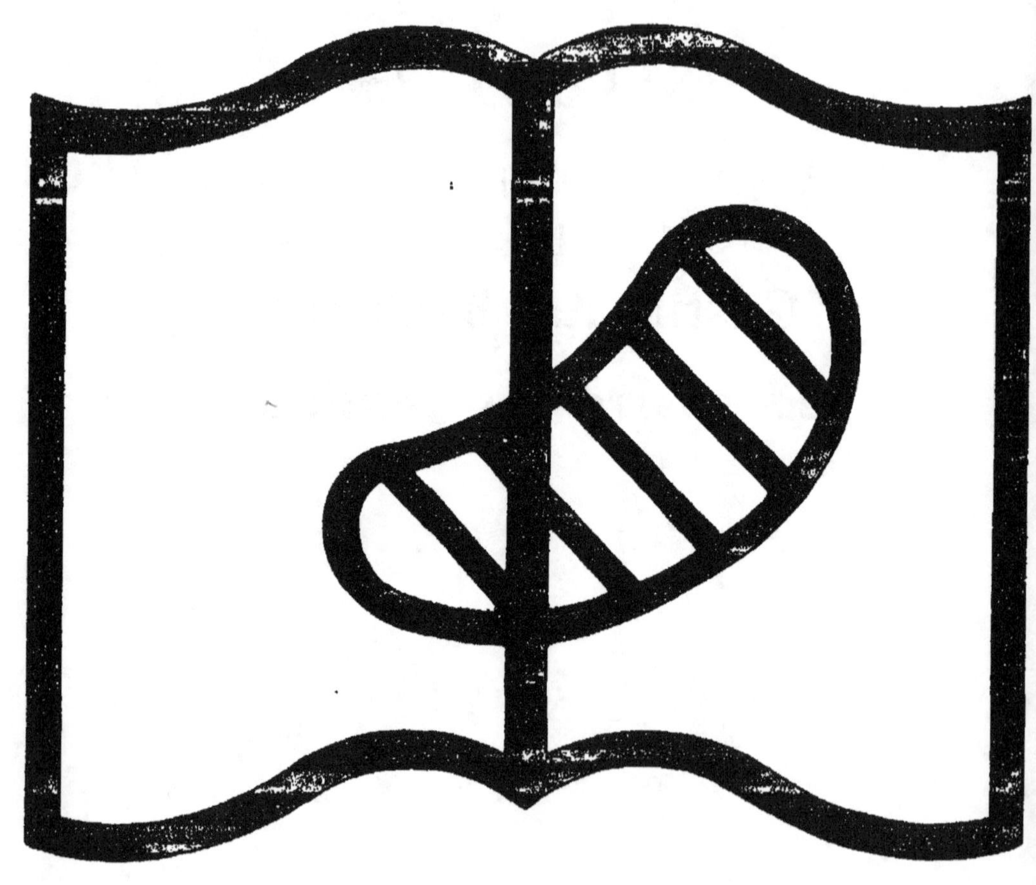

**Symbole applicable
pour tout, ou partie
des documents microfilmés**

Original illisible

NF Z 43-120-10

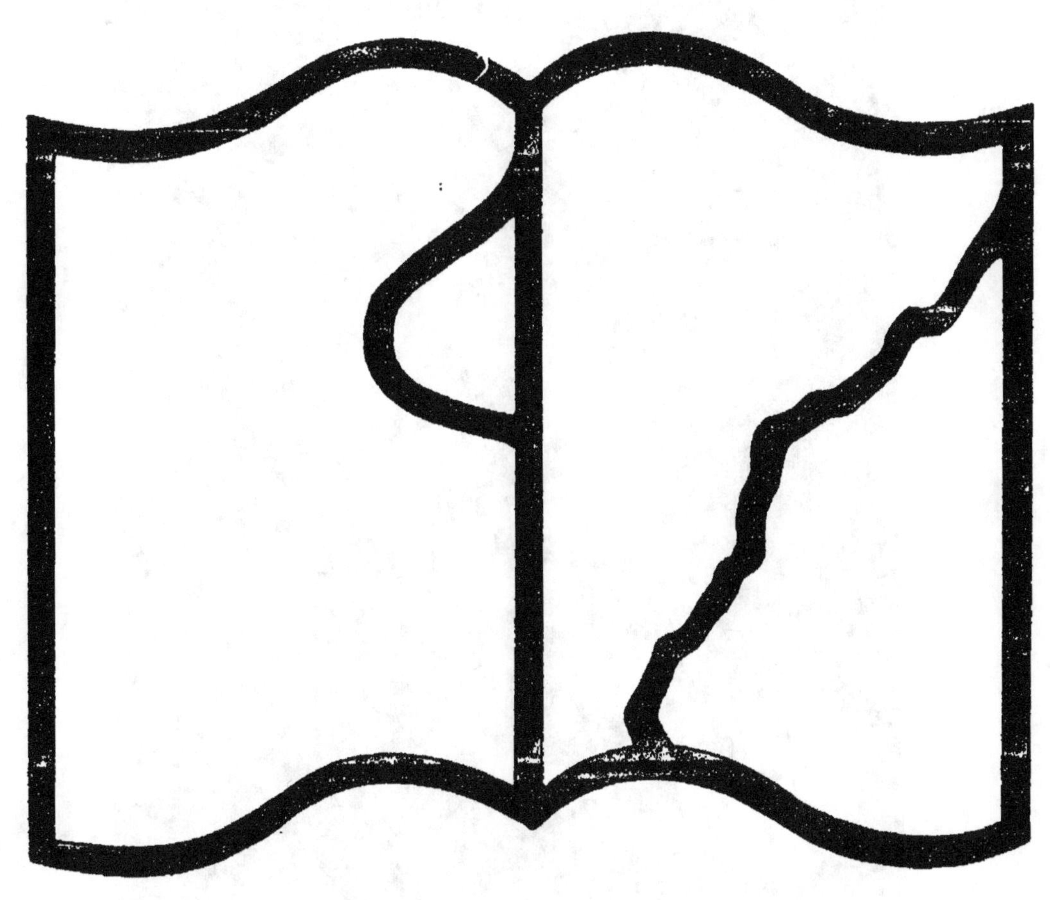

Symbole applicable
pour tout, ou partie
des documents microfilmés

Texte détérioré — reliure défectueuse

NF Z 43-120-11

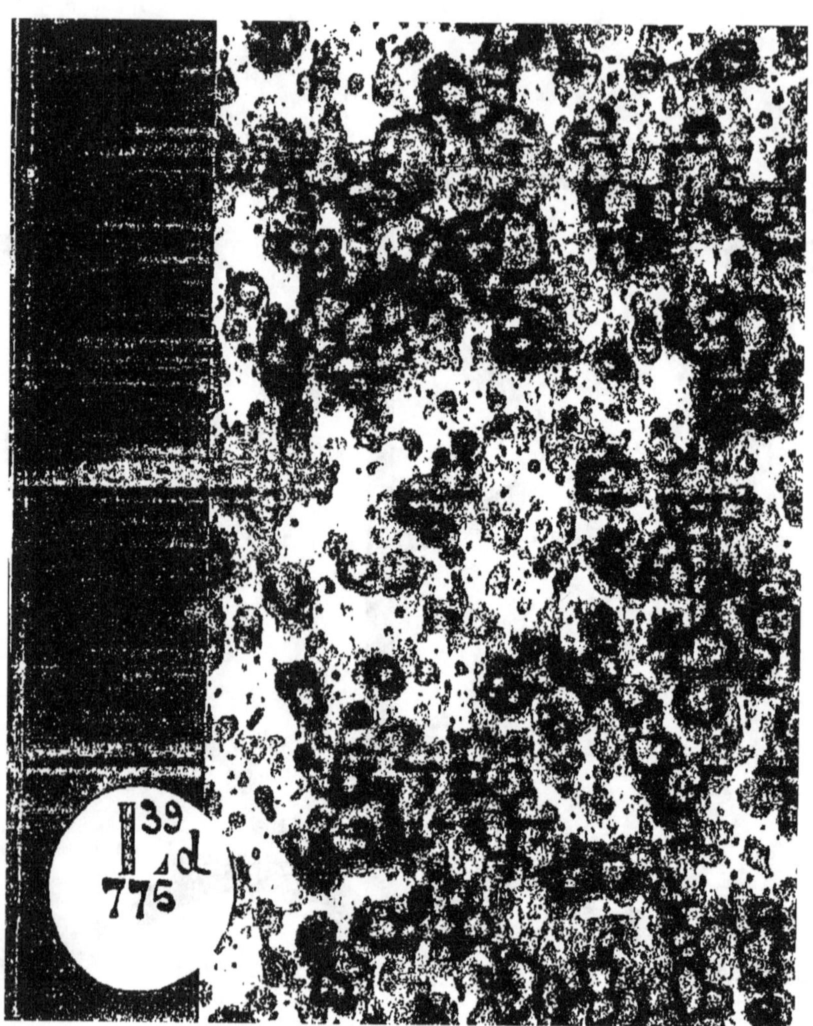

LA GUERRE

DES

JÉSUITES

IMPRIMERIE DE A. HENRY, RUE GIT-LE-CŒUR, 8.

LA GUERRE

DES

JÉSUITES

PAR

BENJAMIN GASTINEAU

Veut-on livrer la France a l'Étranger ? —
Qu'on la livre aux Jésuites.

PARIS

BORDENAVE, LIBRAIRE-ÉDITEUR

10, RUE DU PARC-ROYAL.

—

1846

SOMMAIRE.

—

Existence illégale de la société de Jésus en France. — Tactique des Jésuites depuis 1830. — Leur armée. — Ligue des ultramontains contre les libertés gallicanes. — La morale des disciples de Loyola. — Les Jésuites jugés d'après leurs actes. — Ils portent la guerre civile en Suisse. — Ils livrent des combats acharnés en France. — Le monde appartiendra-t-il aux hommes de l'avenir ou aux hommes du passé ? — Esclavage du clergé inférieur dominé par les Jésuites. — Protestation du curé Ronge. — Le catholicisme a-t-il dit son dernier mot ? — La réaction triomphera-t-elle de la révolution ? — Les deux chaires du collège de France. — *Du Prêtre, de la Femme, de la Famille*, par M. Michelet. — *L'Ultramontanisme*, par M. Quinet. — Les deux professeurs dénoncés à la Chambre des Pairs. — La loi qui expulse les Jésuites doit être exécutée sans retard. — Réaction dévote. — Réponse à l'*Univers religieux*. — Impuissance des sectes. — La Cité universelle.

LA GUERRE

DES

JÉSUITES

En vérité, est-il bien sûr que les Ordonnances inspirées par la congrégation jésuitique aient été publiées, que nous ayons fait une révolution en 1830, pour nous débarrasser *à jamais* du joug honteux des Jésuites? N'est-ce pas plutôt un rêve de notre imagination? on le croirait, du moins, à entendre le bruit qui se fait autour de nous.

Que se passe-t-il donc?

Les Jésuites vivent aujourd'hui en France au nombre de MILLE (ils n'étaient que quatre cents en 1830). Ils ourdissent audacieusement leurs complots dans le sein même du pays qui les a chassés !

Au milieu d'un peuple libre, il existe aujourd'hui une Société proscrite par les lois.

Le 6 août 1762, un article du parlement de Paris prononce la suppression de l'institut des Jésuites.

Le 22 juin 1804 (3 messidor an XII), un décret prescrit la dissolution de toutes les associations ecclésiastiques, et notamment celle des *Pères de la foi* (les Jésuites).

En 1823, deux arrêts de la Cour royale de Paris signalent l'introduction illégale en France de corporations religieuses (les Jésuites) non reconnues par les lois.

En 1826, La Cour royale de Paris déclare que l'état actuel de la législation s'oppose formellement au rétablissement de la société de Jésus, *sous quelque dénomination qu'elle se présente.*

Au mépris de ces lois, la Compagnie de Jésus siège rue des Postes, dans un vaste hôtel, foyer d'opérations fort importantes. Dans la caisse de ces pauvres Jésuites, qui n'ont pour trésor *que leur misère et leur dévouement,* se trouvent des millions. Un des leurs, coquin fort habile, qu'ils investissent de leur confiance, et dont ils se servent, peut leur voler deux cent mille francs sans qu'ils s'en aperçoivent. Les Jésuites exercent à la fois le trafic du temporel et du spirituel ; aussi la maison de la rue des Postes est-elle une véritable bourse. On y parle d'actions métalliques d'Autriche, d'obligations de Naples, d'emprunt romain, d'actions de chemins de fer, de bank-notes, de rentes au porteur, etc. Chez *les pères de la foi,* il y a de tout, excepté de la foi.

Tout récemment un magistrat, occupant le siége du ministère public, a osé faire l'apologie des Jésuites, renvoyés par arrêt de la Cour royale de 1826 ; il a exalté la Compagnie de Jésus. C'est le cas de s'écrier avec M. Nogent-Saint-Laurent :

« Courage ! ouvrez les frontières, ouvrez les portes de nos villes, ouvrez le sanctuaire de nos familles. Fermez le temple de la justice, qui est le temple de la vérité, et ici, ouvrez vos rangs et laissez passer les Jésuites. »

Depuis quand est-il donc permis aux magistrats de violer ouvertement les lois ? depuis qu'on ne les exécute pas. En effet, la loi est formelle à l'égard de la Compagnie de Jésus. Pourquoi la laisse-t-on dormir ? pourquoi ne l'exécute-t-on pas ? Que signifie une loi, si elle n'oblige pas ? Laisse-t-on de côté les lois de septembre, par exemple ? Comment ! des Jésuites avoueront impunément en plein tribunal l'existence illégale de leur société ! En annulant une loi de votre plein gré, vous créez l'anarchie, vous m'autorisez à violer toutes les autres. Sortons d'une position insoutenable. Il faut donc qu'on révoque la loi qui bannit la Société de Jésus, ou qu'on l'exécute. Il faut qu'on reçoive ouvertement les Jésuites, comme en Belgique, ou qu'on les expulse tous.

Dans nos études sur le caractère jésuitique, nous avons remarqué que les disciples de Loyola sont essentiellement tenaces, et c'est cette ténacité qui contribue surtout à perpétuer l'existence de leur ordre et à les maintenir au milieu des peuples qui les abhorrent. Que les honnêtes gens blâment ou censurent énergiquement leurs moyens d'intrigue, ils n'en continuent pas moins leur œuvre avec une persévérance incroyable. Le peuple se soulève, ils s'esquivent aussitôt, mais ils ne tardent pas à revenir. Observez leur tactique depuis 1830.

Dès que le peuple fut calmé, ils revinrent à pas de loup, et s'insinuèrent aussitôt dans les familles. Après avoir gagné les mères, ils prétendirent élever les enfants, afin de les *jésuitiser*. C'est sur ce terrain qu'ils rencontrèrent l'Université; c'est alors que deux hommes, dont les noms vivront éternellement, défendirent avec un rare courage la cause de la liberté, en signalant leurs sourdes menées à la nation.

En face d'un gouvernement pusillanime, qui montrait une incroyable faiblesse à leur égard, les jésuites se concertèrent et crurent le moment favorable pour s'insurger. Ils levèrent le masque. Autant ils avaient fait silence jusque-là, autant ils firent de bruit; autant ils avaient rampé, autant ils s'élevèrent. Plus de réticences, plus de ménagements. Ils prirent des airs menaçants, tempêtèrent contre le *monopole*, insultèrent grossièrement leurs adversaires, et dans leur délire, ils invoquèrent jusqu'au saint nom de la liberté. *Horresco referens!*

Vous croyez simplement que la Révolution de 1830, amenée par les Jésuites, a été faite contre eux, n'est-ce pas ? détrompez-vous. Les héros de Juillet se sont battus pour les Jésuites. C'est du moins ce qu'assure l'*Univers.*

Les Jésuites ne s'aventurent jamais. S'ils osent se montrer aujourd'hui, c'est qu'ils ont une armée pour les défendre. A la tête de cette armée marchent M. le comte de Montalembert, pair de France, le cardinal-archevêque de Bonald, et les évêques de sa suite. Elle a pour capitaines les *gracieux* rédacteurs de la *Quotidienne*, de l'*Univers*, de la *Liberté comme en Belgique*, de l'*Ami de la religion* et autres feuilles religieuses qui enseignent à *aimer Dieu et son prochain*. Le gros de l'armée se recrute dans les ouvriers et dans les domestiques, que l'on entasse dans les caveaux de Saint-Sulpice et que l'on fanatise *ad majorem gloriam Dei.*

« Le jésuitisme agit puissamment par ceux qu'on lui croit étrangers, par les sulpiciens qui élèvent le clergé, par les ignorantins qui élèvent le peuple, par les lazaristes qui dirigent six mille sœurs de charité, ont la main dans les hôpitaux, les écoles, les bureaux de bienfaisance, etc.

« Tant d'établissements, tant d'argent, tant de chaires pour parler haut, tant de confessionnaux pour parler bas, l'éducation de deux cent mille garçons, de six cent mille filles, la direction de plusieurs millions de femmes, voilà une grande machine. L'unité qu'elle a aujourd'hui pouvait, ce semble, alarmer l'État. Loin de là, l'État, en défendant l'association aux laïques, l'a encouragée chez les ecclésiastiques. Il les a laissés prendre, près des classes pauvres, la plus dangereuse initiative : réunions d'ouvriers, maisons d'apprentis, associations de domestiques qui rendent compte aux prêtres, etc., etc. [1]. »

La guerre déclarée, les ultramontains ne laissèrent pas échapper une occasion de *montrer leur zèle. L'Univers* annonçait, le 10 mars, que neuf archevêques et trente-neuf évêques avaient adhéré au mandement de M. de Bonald, portant condamnation du livre de M. Dupin. Or, dans le Manuel du droit ecclésiastique français, ouvrage déjà publié avant 1830, et exempt de toute colère épiscopale, M. Dupin défend dignement les libertés gallicanes.

Par malheur, M. de Bonald n'est pas gallican. Il soutient

---

[1] *Du Prêtre, de la Femme, de la Famille,* pages 8 et 9.

la doctrine que les Jésuites ont toujours soutenue : la doctrine de l'ultramontanisme, qui rend le pape infaillible et le met au-dessus de l'Église, comme elle met l'Église au-dessus de l'État, cette doctrine qui dénationalise le clergé, qui fait des prêtres autant de sujets d'un prince étranger, car elle établit qu'ils dépendent de l'autorité du Saint-Siége avant de dépendre de l'autorité des lois du pays, cette doctrine enfin que les Jésuites infiltrent aujourd'hui en France.

M. de Bonald jugea donc à propos de lancer ses foudres, c'est-à-dire son mandement contre le dit Manuel. M. de Bonald se moque des libertés gallicanes, de la Déclaration de 1682, des articles organiques et du Concordat. Vous allez lui opposer le grand nom de Bossuet. Mais Bossuet était un hérétique. Le cardinal ne déclare-t-il pas que celui qui n'approuve pas la bulle *Auctorem fidei*, bulle qui n'a jamais été vérifiée ni reçue en France, ne peut se dire catholique? C'est encore M. de Bonald qui écrit : « *Ce que je soutiendrai, c'est qu'un évêque doit repousser une opinion théologique par cela seul que l'autorité temporelle a la prétention de la lui imposer.* » Je le demande à tous les hommes impartiaux, n'est-ce pas de l'ultramontanisme pur? En 1845, peut-on soutenir des thèses aussi absurdes, aussi barbares?

Lorsque le conseil d'État eut décidé qu'il y avait abus dans le mandement du cardinal-archevêque, M. de Bonald écrivit une lettre à l'*Univers*, dans laquelle il protestait contre cette condamnation morale. « *Lorsque le conseil d'État a prononcé, la cause n'est pas finie.* » En vérité, ces dignitaires de l'Église n'ont pas hérité de l'esprit de douceur du Christ. Au reste, Timon ne prétend-il pas que les conseillers d'État n'avaient pas le droit de juger un archevêque qui attaquait nos lois, parce qu'ils n'avaient jamais chanté au lutrin, ni dit la messe ! C'est un trait d'esprit de Timon.

Quelle misérable comédie tous ces évêques jouèrent là !...
Oubliant toute dignité, ils prirent la plume et écrivirent dans
le style de Fréron, s'égarant jusqu'à insulter M. Michelet ;
comme si les Nonotte et les Patouillet de l'*Univers* ne s'étaient
pas chargés de cet office-là. Ces évêques pamphlétaires ont
renié la douceur de Fénelon et la majesté de Bossuet.

Cependant, messieurs les évêques, permettez-moi de vous
le dire, en entrant en rébellion ouverte avec l'État, vous ou-
bliez votre serment, vous transgressez les lois de l'honnêteté.

Vous n'avez pas été nommés à votre siège épiscopal par le
pape, je pense, mais par l'État. — Pourquoi donc vous ré-
volter contre lui ?

Vous n'avez pas non plus prêté, entre les mains du pape,
serment d'obéissance aux lois du royaume, mais entre les
mains du Roi. — Pourquoi donc violer ces lois ouvertement ?

Vous n'êtes pas salariés par Rome, mais encore par l'État.

Il est vrai que vous prétendez que c'est une faible restitu-
tion des biens que la Révolution vous a enlevés. On ne vous
doit rien, entendez-vous, et l'on vous a toujours donné, et
vous payâtes toujours d'ingratitude ceux qui vous donnèrent.

Soyez donc plus réfléchis et plus fidèles à vos serments,
belligérants évêques ultramontains.

Il est impossible de séparer la cause de clergé de celle des
Jésuites [1]. « *Nous sommes tous Jésuites!* s'est écrié un évêque

---

Nous avons témoigné nos sympathies pour le clergé inférieur dans notre livre
Le Bonheur sur terre, pages 388, 389 et 390. Dans ces pages nous avons cherché
à donner une idée de la malheureuse situation du clergé inférieur, que les Jésuites dominent aujourd'hui.

dans un emportement de zèle. Au reste, ce n'est pas d'aujourd'hui que l'esprit jésuitique domine le clergé. Le catholicisme n'a pas fait un seul pas depuis le fameux concile de Trente. Les Jésuites, adversaires acharnés de tout protestantisme, arrêtèrent toujours les progrès qui cherchaient à s'introduire dans l'Église. On peut dire, sans craindre d'être démenti, qu'ils ont pétrifié le catholicisme.

La seule lecture de l'histoire des Jésuites suffit pour les bien connaître. L'intrigue, la ruse, la calomnie, et au moment du triomphe la violence et la cruauté, voilà les armes qu'ils ont toujours employées. Clément XIV, qui les condamna, mourut empoisonné. Ils furent bannis de Venise en 1606, de Bohême en 1618, de Naples en 1622, des Pays-Bas dans la même année, de l'Inde en 1623, de l'Espagne en 1627, du Portugal en 1572, de France en 1662, et de Rome en 1763. Pour ouvrir les yeux à ceux qui veulent absolument les tenir fermés, nous croyons utile de citer quelques unes de leurs maximes, tirées de leur Code.

« Si l'autorité déclare que ce qui vous semble blanc soit noir, affirmez que cela est noir. »

(Saint Ignace de Loyola.)

« Si vous croyez invinciblement qu'il vous est ordonné de mentir, mentez. »

(Casnedi, Jésuite, *Jugement théologique*.)

« On demande si un juge est tenu de restituer ce qu'il a reçu pour rendre la justice ? Je réponds qu'il est tenu de restituer s'il a reçu quelque chose pour rendre un jugement juste ; mais s'il a reçu de l'argent pour rendre un jugement injuste, il peut garder cet argent, *parce qu'il l'a gagné*. »

(Taberna, *Abrégé de la théologie pratique*.)

« Si quelqu'un entretient des relations coupables avec une femme mariée, non parce qu'elle est mariée, *mais parce qu'elle est belle*, faisant ainsi abstraction de la circonstance du mariage, ces relations ne constituent pas le péché d'adultère, mais de simple impureté. »

(1843, *Compendium* de l'abbé Moullet.)

« Si un homme en tue un autre en pensant qu'il ne fait pas grand mal, *cet homme ne pèche que légèrement*, parce qu'il ne connaît pas la grièveté de son action. »

(Georges de Rhodes, *Théologie scolastique.*)

« Un fils qui s'est enivré, et qui, dans l'ivresse, a tué son père, *peut se réjouir du meurtre qu'il a commis*, à cause des grands biens dont il est héritier ; comme on suppose que ce parricide n'a pas été prémédité, et que, d'ailleurs, il a pour objet de grandes richesses, *objet qui est bon*, ou du moins qui n'est certainement pas mauvais, *il s'ensuit que cette doctrine n'est pas répréhensible.* »

(Georges Cobat, *Œuvres morales.*)

« Lorsqu'un crime est secret, on peut nier qu'on soit coupable du crime en sous-entendant *publiquement.* »

(Le père Stoz, *du Tribunal de la Pénitence*)

« Si quelqu'un veut jurer, sans s'obliger à tenir son serment, qu'il estropie les mots. Par exemple : dire *uro* en supprimant le *j* : c'est comme si on disait : je brûle, au lieu de *juro*, qui signifie *je jure* ; et, alors, ce n'est plus qu'un petit mensonge véniel *qui se pardonne aisément.* »

(Sanchez.)

« Dernièrement s'est accompli, en France, un exploit insigne et magnifique, *pour l'instruction des princes impies.* Clément, en tuant le roi, s'est fait un nom immense. Il a péri, Clément, *l'éternel honneur de la France* (*æternum Galliæ decus*), selon l'opinion du grand nombre.... Jeune homme d'un esprit simple et d'un corps délicat, mais une force supérieure affermissait son bras et son esprit. »

(MARIANNA, *De Rege*, Lib. I, Cap. VI.)

Un cœur honnête ne se soulève-t-il pas, à la lecture de pareilles monstruosités ? Ce sont ces maximes qui ont assuré le bras des Clément, des Jean Châtel et des Ravaillac. Oh ! qu'il est diabolique de ruser avec Dieu, de se servir de la religion pour pallier tous les crimes !

Voilà la morale de ces hommes qui marchent à la conquête du siècle, qui osent réclamer l'enseignement de la jeunesse française, qui pénètrent enfin au cœur de la Suisse, pays de liberté qu'ils ensanglantent ! Qu'on les juge d'après leurs œuvres. Ils portent la guerre civile en Suisse, ils exercent des assassinats juridiques en Italie, ils maintiennent l'obscurantisme en Belgique, et ils troublent la France.

Voici quelques fragments de discours des députés de la Diète helvétique, qui dévoilent assez la répugnance que leur présence inspire sur cette terre de liberté.

Le député de Berne repousse les Jésuites :

« 1° Parce qu'ils enseignent à commettre sans remords les actions les plus coupables ; qu'ils abrutissent l'esprit et corrompent le cœur ; 2° parce qu'ils se servent de leur caractère pour porter le trouble dans les familles ; 3° parce qu'ils exigent avant tout , de leurs adeptes , une soumission aveugle et absolue ; 4° parce qu'ils n'ont ni famille ni patrie ; 5° parce qu'ils cherchent à s'emparer partout du pouvoir ; 6° parce que l'ordre ayant pour but l'extirpation du protestantisme , sa présence en Suisse serait une cause permanente de guerre civile et religieuse. »

M. Wieland, député catholique d'Argovie, s'exprime ainsi :

« Sans doute, vous ne trouverez pas les Jésuites comme acteurs ostensibles dans les mouvements ; ils ne se montrent guère où il y a des coups à recevoir ; mais ils poussent devant eux des hommes pour leur servir de boucliers, à l'aide desquels ils poursuivent leurs plans politiques. *Un seul jésuite suffit pour obscurcir et démoraliser tout un peuple.* »

Le député de Soleure s'est écrié :

« Comment supporter un ordre qui a changé ses maximes d'après les pays , *qui a une morale pour les grands, une morale pour les petits ?* La Suisse a-t-elle jamais été agitée par autant de troubles que depuis que cette milice a envahi quatre cantons ? Partout la paix publique est menacée , et l'on n'y remédierait pas ? Et la Diète devrait reculer devant l'action du Jésuitisme, cause de tous les troubles, de tous les désordres ? Les cantons protestants doivent écarter les Jésuites comme hostiles à leur confession, les catholiques , comme introduisant la division dans leur sein et énervant les populations. »

Écoutez, écoutez cette terrible prophétie !

« Les Jésuites sont les ennemis de l'égalité et de la liberté de la presse, d'une éducation étendue à la masse du peuple ; ce sont les auxiliaires du despotisme. Messieurs, les Jésuites sont appelés à Lucerne, et si la route est souillée de sang, s'il y a des cadavres sur leur chemin, si des cris de désolation les y suivent, ils n'en persistent pas moins à s'y implanter. »

La Suisse est en ce moment le théâtre d'évènements qui doivent nous servir d'enseignement. Comme elle, nous combattons les Jésuites, non pas avec des armes, mais avec des phrases qui malheureusement sont impuissantes contre eux.

Les disciples de Loyola n'ont pas reculé devant les horreurs de la guerre civile pour implanter leur domination en Suisse. Déjà plus de 300 patriotes ont payé de la vie leur dévouement à leur pays.

Aura-t-on le courage de jeter un blâme sur ce millier de braves, sur les fils de Guillaume Tell, qui, voyant leur patrie menacée par l'invasion des Jésuites, soutinrent l'indépendance de la Suisse en marchant courageusement contre les fils de Loyola, contre les ennemis du monde entier? Il y a eu des cadavres jonchés sur la route parcourue par les Jésuites, il y a eu du sang répandu; mais ne doit-il pas retomber sur les fauteurs de ces désordres, sur les Jésuites, qui s'obstinent à vouloir enchaîner le peuple libre de l'Helvétie, ce peuple qui a donné des preuves non équivoques de sa valeur et de son indépendance! Braves descendants de Guillaume Tell, il s'est trouvé parmi nous des hommes pour insulter à votre malheur, mais ces hommes n'étaient pas français.

Le député de Bâle-Campagne a noblement défendu les corps-francs que leurs adversaires cherchaient à flétrir par la dénomination de *brigands.*

« Les habitants de Bâle-Campagne, animés de l'amour de

la liberté, se sont dévoués à cette cause, non pour renverser le gouvernement, mais pour détourner l'affreux malheur de voir les Jésuites implanter leur domination en Suisse. Ce ne sont pas des bandits marchant pour piller, comme on a osé le dire, ce sont des hommes honorables et dévoués qui ne sont pas gangrénés par l'égoïsme, comme la plupart de ceux qui leur jettent la pierre. »

On a essayé de faire disparaître la question des Jésuites sous une autre question plus importante. Les Jésuites seuls occasionnent aujourd'hui des troubles en Suisse. Qu'ils se retirent, et la paix règnera bientôt dans ce pays.

Le jésuitisme étouffe toute liberté, réprime l'élan de la pensée, éteint la volonté chez l'individu. Il fait de l'homme un automate, une véritable machine. Les Jésuites prétendent arrêter la vie des nations. Ces messagers de la mort tendent un immense linceul dans lequel ils veulent ensevelir tous les peuples.

La France est le point de mire de l'ambition des Jésuites, car la France une fois conquise, ils ne tarderaient pas à s'emparer du monde entier. Voilà le secret de tout ce mouvement religieux. Les Jésuites se sont abattus comme des oiseaux de proie sur notre patrie, et voici le langage qu'ils osent lui tenir : « France, renie ton glorieux passé, renie-toi ; oublie que ton cœur a battu en 1789 et en 1830 ; fais pénitence ; rentre dans la tombe. Nous scellerons la pierre de ton sépulcre, et nous veillerons à ce que tu ne la relèves jamais. » Ah ! vous vous trompez grossièrement, agents du despotisme, si vous croyez que mon pays se soumette à vos projets liberticides. La France grandira malgré vous ; elle sera encore le phare des nations, et le jour où, fatiguée d'un long sommeil, elle se lèvera radieuse, c'est vous qui rentrerez dans le néant, d'où vous n'auriez jamais dû sortir.

Tandis que des tyrans enchaînent le corps, les Jésuites, ennemis plus dangereux encore, enchaînent la pensée, la pensée qui nous réunit à Dieu! Et que substituent-ils à la pensée? une grossière idolâtrie, des pratiques insensées, l'adoration de la robe de Trèves ou de quelques reliques.

Au reste, que veulent de nous ces sujets du pape? que nous reniions notre ame, notre patrie, que nous nous suicidions moralement? Croient-ils réussir facilement? Non, tant qu'il y aura un homme de cœur en France, il protestera contre l'odieux joug des Jésuites, contre l'envahissement de l'esprit prêtre, c'est-à-dire l'esprit rétrograde, sur l'esprit laïque, cet homme dût-il mourir sur un bûcher!

Quand les Jésuites essaient partout de renaître (en Italie et en Belgique ils règnent, ils sont au cœur de la Suisse, et ils tentent des combats acharnés en France, où ils travaillent secrètement la presse, les salons, les Chambres, où ils commandent à de formidables associations), nous ne concevons pas qu'il puisse se trouver encore des indifférents. Jésuitisme n'est-il pas synonyme de despotisme, de réaction, de contre-révolution? les Jésuites n'essaient-ils pas, au milieu de nous, de détruire l'esprit de la révolution française? Lorsqu'un ordre qui a toujours apporté le despotisme avec lui envahit un pays libre, les hommes indépendants ne doivent-ils pas s'unir pour le repousser, surtout lorsqu'il se présente, comme en France, fort de tous les moyens matériels, et à la tête de quarante mille prêtres dont pas un n'a osé proclamer son indépendance? Indifférents, qui semblez ignorer le pays que vous habitez, avez-vous lu dans l'histoire que les Romains restassent étrangers au combat des trois Horaces? Chaque coup qui frappait un Horace ne frappait-il pas également au cœur tous les Romains? Il se livrait là un grand combat; il s'agissait de savoir à qui appartiendrait le monde. Eh bien! ne voyez-vous pas quelque similitude entre leur position et la nôtre? Nous aussi, nous voulons conquérir le monde, non pour l'asservir et le dominer, mais pour le rendre libre; non pour étouffer en lui le saint usage de la volonté, de la pensée, mais, au contraire, pour fortifier sa volonté et élargir sa pensée; non pour lui apporter la mort, mais une féconde vie. Il ne s'agit donc rien moins que de savoir si le monde appartiendra au progrès, à la Révolution française, ou à la réaction; aux hommes de l'avenir, ou aux hommes du passé; aux hommes de liberté et de franchise, ou aux despotes et aux hypocrites; aux amis de l'humanité, ou à d'odieux fanatiques qui tuent ceux qui les contredisent, aux suppôts de l'inquisition! Il faut choisir entre ces deux partis.

Les Jésuites tiennent si bien le clergé inférieur dans l'esclavage, que nous n'avons pas entendu une seule voix qui osât protester contre leur joug. L'Allemagne, cette fois, a donné l'exemple à la France. Tout le monde a entendu parler de la lettre du curé Ronge, sur la fameuse robe exposée à Trèves. Cette nouvelle idolâtrie remplit d'indignation l'âme d'un prêtre éclairé et indépendant.

« Comment! s'écrie-t-il, cinq cent mille Allemands, cinq cent mille êtres doués de raison sont allés adorer un habillement, une robe, que, dans leur amour du lucre et dans leur avarice, ces prêtres de Baal ont exposée à l'adoration du peuple, permettant à la foule de s'écrier : Sainte robe, priez pour nous, sainte robe, je me prosterne devant vous!

« Ce spectacle -anti-chrétien ouvre la porte au fanatisme, à l'hypocrisie et à tous les vices qui l'accompagnent. Voilà la bénédiction de la tunique sainte, qu'elle soit ou non la véritable tunique de Jésus-Christ. »

Prêtres, de vos prisons, écoutez attentivement ce que dit Ronge dans sa *justification.*

« Aussitôt après la réception du décret de suspension, j'avais cessé mes fonctions. Je me sentais heureux d'être délivré enfin d'un joug sous lequel j'avais gémi trois années, et, dans le sentiment de justice de ma cause, il me semblait que, échappé d'une sombre prison, je retrouvais tout-à-coup la lumière du soleil. »

Prêtres, sortez donc d'un système absurde, artificiel, antinaturel. Ayez une famille, une patrie. Que les hommes soient véritablement vos frères. Nous vous tendons la main. Revenez vous asseoir à notre foyer, et ne conspirez plus à l'ombre de vos sombres églises.

Sommé de se rétracter, Ronge répondit par une lettre dont nous donnons un extrait.

« Le clergé inférieur n'a-t-il donc pas le droit, comme tous les citoyens, d'exprimer son opinion, fût-elle en contradiction avec celle du haut clergé, sans mettre en jeu son existence? Les prélats sont-ils donc les seuls interprètes, les infaillibles interprètes de la vérité?

« Quant à l'article sur la prétendue sainte robe de Trèves, je l'ai signé en toutes lettres; on n'a point abusé de mon nom. Ce qui m'étonne, c'est que de hauts fonctionnaires de l'Église puissent prendre sous leur protection un abus aussi manifeste. Serait-il excusable, parce que c'est le fait d'un évèque? Qu'aurait-on dit, si un simple prêtre ou quelque autre chrétien avait voulu gagner 50,000 écus par l'exposition de cette sainte robe? Les apôtres, le Christ ont-ils jamais fait rien de semblable? Le Christ a nourri ceux qui venaient à lui, et ne leur a jamais soutiré leur argent, et il a chassé les marchands du temple en s'écriant : La maison de mon père est une maison de prière, et vous en faites une caverne de voleurs.

« J'ai dit la vérité, je ne me rétracterai jamais. Si vous croyez devoir me dégrader et m'excommunier pour cela, vous pouvez le faire. »

Ronge, excommunié, vient de fonder une église nationale à Breslau. Dans la profession de foi qu'il a publiée, il abolit le célibat des prêtres ainsi que la confession. Il rejette la suprématie du pape, l'invocation des saints, le culte des images, etc.

Le catholicisme a-t-il dit son dernier mot? nous le croyons. En se jetant dans les bras des Jésuites, il s'est de lui-même couché dans son cercueil. L'esprit du Christ n'anime plus ces hommes qui offrent à l'adoration du peuple du bois, du fer et du linge. Je doute même que les païens aient poussé aussi loin l'idolâtrie. La sainte robe de Trèves, des reliques vantées par l'archevêque de Paris, voilà ce qu'ils nous offrent, à nous qui avons soif de Dieu; voilà les miracles, les prodiges du catholicisme au dix-neuvième siècle! N'est-il pas dérisoire de voir ces pharisiens modernes, marcher à la conquête du siècle avec cette grossière idolâtrie? Qu'ils nous montrent donc plutôt les œuvres de l'Esprit; mais ils ne le peuvent. Les Jésuites ont fait de l'Église catholique un véritable cadavre : *perindè ac cadaver.* Le souffle qui animait l'Église primitive s'est éteint à jamais. Aujourd'hui qu'ils ont perdu l'esprit, ils divinisent la matière, aujourd'hui qu'ils n'ont plus la raison, ils ont recours à la violence. Ils se comptent des yeux et nous disent d'un air menaçant: *Nous sommes forts!* Et moi, je vous vois très-faibles, car il vous manque la religion, car il vous manque Dieu!

Puisque les hommes du passé et les Jésuites continuent une guerre acharnée contre l'esprit de la révolution française, contre nos institutions, nos libertés, employons toutes nos forces à leur résister. Il faut que la France tue les Jésuites, ou que les Jésuites tuent la France.

Honte sur nous! le Mal triompherait-il du Bien? l'hypocrisie de la franchise? le despotisme de la liberté? la réaction de la révolution? Jeunes gens, hommes libres, unissez-vous, fortifiez-vous contre l'*ennemi*, car il est actif et infatigable. Soyez-le de votre côté. Qu'il ne puisse jamais porter une main sacrilège sur nos libertés. Serrons donc nos rangs. Et puisque l'*ennemi* ne dort pas, tenons-nous éveillés, de peur qu'il ne nous surprenne.

Les ennemis de la révolution auront beau faire, ils ne triompheront pas d'elle. Voyez plutôt: en 1843 les Jésuites commençaient à devenir dangereux. Ils réclamaient l'enseignement au nom de la liberté, ils clabaudaient, ils menaçaient déjà. Le Gouvernement les laissait tranquillement agir. Alors deux professeurs, animés de l'amour de la patrie, ne craignirent pas d'occuper le poste déserté par l'État. Quelle force avaient-ils donc, ces hommes qui osèrent se placer en face des Jésuites en leur disant: *Vous n'irez pas plus loin.* Ils étaient seuls, et ils prétendaient combattre des milliers d'ennemis. J'avoue que l'entreprise ne manquait pas d'au-

daco ; mais qu'importe le danger aux braves? Quand on défend la cause sacrée de la liberté, on ne doit jamais compter
les ennemis. MM. Michelet et Quinet, dans leur dévouement,
n'examinèrent donc point les dangers qu'ils couraient. Ils
eurent l'honneur de porter les premiers coups à ces *étrangers*, qui envahissaient de nouveau notre patrie. Ils réveil-
lèrent la France endormie, et les hommes libéraux ne tar-
dèrent pas à se joindre à eux. Des fanatiques se portèrent
alors en foule au *Collège de France*, dans le dessein bien
arrêté d'étouffer la parole des deux professeurs. De quel
droit ces misérables avaient-ils recours à la violence ? N'ont-
ils pas leurs chaires, leurs confessionnaux? Qui va les trou-
bler chez eux ? Heureusement, les jeunes gens des écoles firent justice de ces Jésuites en robe courte. O spectacle gran-
diose! deux chaires triomphèrent de trente mille chaires, deux
hommes de liberté triomphèrent d'une nuée de Jésuites.
Ceux-ci, la rage au cœur, n'ayant pu étouffer la parole des
deux professeurs, prirent à gage une foule d'écrivains et
calomnièrent leurs adversaires dans de grossiers écrits.

Après le livre *Des Jésuites*, que tout le monde connaît,
parurent *L'Ultramontanisme, ou l'Eglise romaine et la Société
moderne*, de M. Quinet, et *Du Prêtre, de la femme, de la famille*, de M. Michelet.

A son apparition, le livre de M. Michelet excita les colères
de la gent dévote. Nous avons sous les yeux des écrits inju-
rieux, dirigés contre l'illustre professeur. Le mandement
même ne dédaigna pas l'injure ; mais passons notre chemin,
et laissons là ces portefaix vociférer à leur aise.

Les insultes des Nonotte et des Patouillet d'aujourd'hui,
contre MM. Michelet et Quinet, ne m'étonnent nullement,

parce que les animaux malfaisants s'attaquent toujours au génie (Socrate n'eut-il pas son Aristophane? Voltaire son Fréron?); mais il était réservé à notre siècle de donner un exemple frappant de ce que peut l'envie. Les prétendus philosophes de la *Revue des Deux Mondes* publièrent une série d'articles contre les deux professeurs du Collège de France. Si ces articles étaient moins brutalement rédigés que ceux de l'*Univers*, ils n'en étaient pas moins perfides. Bref, MM. Lherminier et Saisset firent cause commune avec les Jésuites dans leurs attaques contre M. Michelet, honte qu'ils effaceront difficilement.

Le livre de M. Michelet, quant à la forme, est un chef-d'œuvre de pureté et d'élégance. Rien de plus gracieux, de plus charmant, de plus agréable à lire, et pourtant rien de plus sérieux. Jamais on ne mit dans un livre plus de cœur ni plus d'esprit. M. Michelet soutient noblement la cause de la famille. La famille! sentez-vous bien l'importance de ce mot. La société n'est qu'une grande famille, ou plutôt la société est la parfaite image de la famille. Dans l'une comme dans l'autre, les mêmes amitiés, les mêmes haines, les mêmes causes de discorde existent. Voyez cet homme noir qui passe dans la rue; il va chez une femme en l'absence du mari. C'est lui qui divise la famille, c'est lui qui divise la société! Mais citons:

« Nous pouvons parler à nos mères, à nos femmes, à nos filles des sujets dont nous parlons aux indifférents, d'affaires, de nouvelles du jour; nullement des choses qui touchent le cœur et la vie morale, des choses éternelles, de la religion, de l'ame, de Dieu.

« Prenez le moment où l'on aimerait à se recueillir avec ses semblables dans une pensée commune, au repos du soir, à la table de famille; là, chez vous, à votre foyer, hasardez-vous à dire un mot de ces choses. Votre mère secoue tristement la tête, votre femme vous contredit, votre fille, tout en se taisant, désapprouve. Elles sont d'un côté de la table, vous de l'autre, et seul.

« On dirait qu'au milieu d'elles, en face de vous, siège un homme invisible pour contredire ce que vous direz.

« Comment nous étonnerions-nous de cet état de la famille? nos femmes et nos filles sont élevées, gouvernées *par nos ennemis.*

« ...... La vie pourtant réclame en eux; ils sentent cruellement qu'ils sont privés de la famille, et ne s'en consolent qu'en troublant la nôtre.

« ..... *Six cent vingt mille filles* sont élevées par des religieuses *sous la direction des prêtres.* — Ces filles seront bientôt des femmes, des mères, qui livreront aux prêtres, autant qu'elles pourront, leurs filles et leurs fils. »

Après avoir constaté que l'union morale n'existe pas dans la famille, M. Michelet montre par quels moyens le directeur et le confesseur parviennent à dominer la femme, dont l'esprit est faible comme le corps.

« Les femmes suivent volontiers les forts. Comment se fait-il donc ici qu'elles aient suivi les faibles?

« Il faut bien qu'il y ait un art pour prêter la force aux faibles. Cet art ténébreux, qui est celui de surprendre la volonté, de la fasciner, de l'assoupir, de l'anéantir, je l'ai cherché dans ce volume. Le dix-septième siècle en eut la théorie; le nôtre en continue la pratique. »

Puis M. Michelet hâte de tous ses vœux la fin de la désunion qui règne dans la famille. *Celles* qui aiment le plus, dit-il dans sa *Réponse aux critiques*, ne doivent pas rester entre les mains de *ceux qui aiment le moins*. L'homme moderne, l'homme de l'avenir ne doit pas céder la femme aux influences de l'homme du passé.

« Cela ne peut aller ainsi. Il faut que le mariage redevienne le mariage ; que le mari s'associe la femme dans sa route d'idées et de progrès, plus intimement qu'il ne l'a fait jusqu'ici ; qu'il la soulève si elle est lasse, qu'il l'aide à marcher du même pas. »

Le livre de M. Michelet, attaqué avec une injuste fureur par le parti catholique, et représenté comme un livre *dangereux*, n'est point, comme on pourrait le croire, une œuvre de polémique. C'est une continuelle aspiration vers la vertu, vers la réconciliation des divers membres de la société. Une ame noble peut-elle se proposer un but plus louable ? M. Michelet n'attaque pas le prêtre, au contraire, il attaque son esclavage, la situation contre nature où on le retient. Disons, en finissant, que les charmants détails renfermés dans ce beau livre, jettent une vive clarté sur le fond même du sujet.

Dans l'*Ultramontanisme*, M. Quinet a clairement démontré que l'esprit du Christ a passé de l'Église dans la société.

En effet, l'Église, en s'immobilisant au concile de Trente, en repoussant d'avance tout progrès, toute amélioration, se laissa enlever peu à peu ce qui fait la vie. Ainsi, elle se mit en guerre ouverte avec la science, l'histoire, le droit, la philosophie, et finalement les peuples. Comme Linnée, elle vit passer la main de Dieu sans la reconnaître ; elle garda le vase et laissa s'en échapper l'odeur : à défaut de l'ame, de l'esprit, elle s'attache obstinément au corps, à la lettre. La conséquence d'un pareil système, vous la connaissez ? l'Inquisition. Aussi je trouve M. de Maistre très-logique, quand, dans son odieux système, il fait du bourreau le lien de l'association humaine. En effet, le bourreau, l'inquisition et les bûchers pouvaient seuls assurer le triomphe du catholicisme, qui, pour ne pas périr, devait empêcher à tout prix qu'il ne fût dépassé. Il fallait nécessairement détruire la pensée chez l'homme ; mais Dieu ne permit pas que le crime s'accomplît tout entier, et la pensée de Galilée, torturée dans les caveaux du Saint-Office, est heureusement parvenue jusqu'à nous.

L'Église, en reniant l'Esprit, avait méconnu la vie même des peuples. La révolution française éclata tout-à-coup, et lui infligea un terrible châtiment, qui, par malheur, ne semble pas lui profiter ; car elle continue son œuvre comme si rien ne s'était passé.

M. Quinet a mis au grand jour les desseins des hommes de la réaction.

« Savez-vous ce qu'on nous propose ? Le voici tout simplement. Nos pères ont fait une retraite précipitée de Moscou à Leipsick, de Leipsick à Waterloo, de Waterloo à Paris, et la plaie saigne encore. On propose à leurs fils de suivre, de reprendre le mouvement, de continuer la retraite, mais une retraite cent fois plus misérable, puisqu'il s'agit de perdre en un jour tout le terrain moral, d'abandonner les frontières spirituelles après avoir perdu les frontières matérielles, d'envelopper toutes les concessions, toutes les déroutes, dans une dernière concession, une dernière déroute, en un mot de s'enfuir en désordre par-delà la Rome de Loyola.

« Et moi, je prétends, au contraire, que le moyen de relever ce grand drapeau, c'est de relever les ames, de fouler aux pieds la peur des spectres, d'être braves dans les choses de l'esprit, comme nos pères l'ont été dans les choses de la guerre ! »

L'*Ultramontanisme* est une œuvre d'inspiration et d'érudition. A chaque page du livre, comme dans celui de M. Michelet, on sent, à l'émotion qui vous domine, que le cœur parle au cœur. M. Quinet revêt ses sublimes pensées d'un style puissant et énergique ; mais trève de réflexions. Tout éloge disparaît ou devient fade devant cette vérité : *MM. Michelet et Quinet, vous avez sauvé votre pays !*

Les hommes de la réaction possèdent trente mille chaires, cent mille confessionnaux, de nombreuses associations, et cela ne leur suffit pas. Les deux chaires de vérité du Collège de France les offusquent, les troublent, les inquiètent. Un rayon de soleil dissipe les ténèbres. Leur plus grand désir serait réalisé, si les cours des deux professeurs cessaient. A cet effet, 80 Marseillais, appliquant l'épithète de monstrueuses à des doctrines qu'ils ne connaissent pas, j'en suis sûr, adressèrent, dans une pétition fort brutale, leurs réclamations à la Chambre des Pairs.

Dans la séance du 14 avril, M. Tascher, en homme courageux, fulmina un réquisitoire de sa façon contre les professeurs absents. M. le marquis de Barthélemy, M. le comte de Montalembert, M. de Salvandy et quelques autres Pairs , déclarèrent que les cours de MM. Michelet et Quinet causaient un grand scandale. D'après ces Messieurs, c'est un énorme scandale, à ce qu'il paraît, de soutenir la liberté en France et de résister aux Jésuites. Je cherche à me peindre la stupéfaction de nos descendants, lorsqu'ils apprendront qu'en l'an de grâce 1845, deux professeurs furent dénoncés à la Chambre des Pairs pour avoir osé défendre leur pays contre ses ennemis les plus acharnés.

M. de Salvandy répondit à M. de Montalembert qu'il avait fait tout son possible pour *empêcher le scandale;* puis il joua le brave en disant que le cours de M. Mieckiewitz, enfant de la Pologne qui s'est posté à l'avant-garde du mouvement religieux, ne se rouvrirait pas.

Après avoir constaté que le Collège de France n'appartient pas à l'Université, et qu'il est comme l'Institut commis à l'avancement de l'esprit humain, M. Cousin demanda à M. le Garde des Sceaux pourquoi, au mépris des lois qui ne sont pas abrogées, il souffrait les Jésuites en France.

M. Martin du Nord, poussé dans ses derniers retranchements, ne pouvant nier l'existence de la Société de Jésus en France, allégua de mauvaises excuses, et finit par dire : *qu'il ferait exécuter la loi quand il le jugerait convenable.*

Dans quel temps vivons-nous, pour qu'un ministre ait eu l'audace de prononcer de telles paroles dans l'une des deux Chambres du pays? Quoi! M. le Garde des Sceaux reconnaît que la Société de Jésus est établie rue des Postes, il reconnaît aussi qu'il y a lieu d'exécuter la loi qui bannit cette société, et il ne l'exécute pas! Je ne savais pas que les lois fussent à la disposition des ministres; je croyais, au contraire, que

ceux-ci devaient donner l'exemple et courber les premiers la
la tête sous le joug inflexible des lois.

M. Martin du Nord a prétendu que l'expulsion des Jésuites
irriterait le clergé français. Ce serait une raison de plus pour
donner force à la loi ; car plus les disciples de Loyola reste-
ront chez nous, plus ils s'identifieront avec le clergé qu'ils
dominent aujourd'hui : M. le Garde des Sceaux a ajouté qu'il
fallait s'enquérir de l'état de l'opinion publique. Veut-il donc
que le peuple fasse des démonstrations hostiles aux Jésuites,
qu'il imite les Suisses, qu'il se rende en armes rue des Postes ?
— Ce sont des subterfuges qui s'évanouissent au moindre
examen.

En lisant les discours de quelques Pairs, nous croyons lire
l'*Univers* ; ce journal n'eût pas mieux défendu sa cause.

Nous ne saurions trop le répéter, chaque jour le Gouvernement outrage la loi en ne l'exécutant pas. Les Jésuites sont
hostiles à nos institutions, hostiles à nos libertés ; ils sont
les signes précurseurs d'une contre-révolution. Obéissants à
un prince étranger, ils portent le trouble dans tous les pays
où ils parviennent à s'installer. Il faut donc qu'ils sortent de
France. Si des hommes éminents oublient leur devoir, l'o-
pinion publique sera le sien. En attendant qu'il plaise à M. Martin du Nord de donner force à la loi, pressons-nous autour
des deux chaires du Collège de France. C'est là l'antidote,
c'est là notre palladium.

Nous assistons au spectacle assez significatif d'une réaction
dévote. Notre société, gangrenée jusqu'au cœur, se maté-
rialise et offre une prise assez facile au jésuitisme ; elle
semble même s'y livrer. Je l'ai dit ailleurs, l'hypocrisie est
le signe caractéristique du dix-neuvième siècle. C'est pourquoi nous rejetons toute forme qui voile Dieu, toute enve-

loppe qui cache le cœur. Ce qu'il nous faut, aujourd'hui, c'est du cœur, c'est Dieu. Or, hypocrites, cafards, tartufes, tous tant que vous êtes, vous n'avez ni l'un ni l'autre !

Votre esprit a gagné le clergé; il a déjà infecté une grande partie de la société. Nous vous combattrons sans relâche, parce que nous voulons sauver le peu d'hommes qui restent.

Qui êtes-vous? des fils de la réaction. Vous nous rappelez 1815. Pourquoi vous a-t-on laissé passer à la frontière? Vous n'êtes pas Français!

En dernière analyse, veut-on livrer la France à l'*étranger?* — Qu'on la livre aux jésuites !

L'année dernière, désirant protester contre les mauvaises tendances du clergé, je publiai une brochure qui a pour titre : *Lutte du Catholicisme et de la Philosophie.* Cette brochure m'attira de grossières injures de la part de l'organe des jésuites, l'*Univers religieux.* Je regrette sincèrement que le spirituel auteur du *Dix-huitième siècle,* M. Arsène Houssaye, ait été exposé à recevoir quelques éclaboussures par rapport à moi. C'est sa générosité d'âme qui lui valut cela. Ah! c'est qu'on ne fait pas le bien impunément. Je saisis l'occasion qui m'est offerte ici de remercier publiquement M. Houssaye de l'accueil bienveillant qu'il a fait à ma brochure, ainsi qu'à mon livre.

Je n'ai nulle velléité d'éditer une seconde fois l'article de l'*Univers*, écrit dans un style de crocheteur. Je n'en relèverai pas non plus les perfides insinuations, les phrases interprétées jésuitiquement, ni même les calomnies; seulement je me permettrai de répondre à cette question de l'*Univers*, parce qu'elle ne s'adresse pas qu'à moi seul.

L'*Univers*. — Où sont vos saints? où est votre Dieu?

Nos saints sont ceux qui sont morts en publiant hautement la vérité, tels que Galilée; nos saints sont ceux que vous avez toujours calomniés et persécutés comme vos plus grands ennemis, ceux enfin que vous avez tués ou torturés sans pitié.

Notre Dieu est le Dieu de la vérité, de la liberté et de la pensée; c'est le Dieu de tous, le Dieu de l'Humanité, entendez-vous bien. Nous ne l'imposons à personne, nous n'en faisons pas *métier et marchandise*. Nous ne sommes point encore impies à ce point de trafiquer des choses saintes !

« Ce qu'il nous faut ramener ou préparer à tout prix, a dit M. Quinet, c'est le règne et la religion de la sincérité. »

Donc, plus de pratiques superstitieuses, plus d'idolâtrie. Que la bouche se taise et que le cœur parle enfin.

L'Humanité a fait un grand pas vers Dieu. Les sectes, qui s'excommunient mutuellement, ne peuvent plus la contenir. Contrairement aux sectes qui divisent les humains, nous autres, hommes de l'avenir, nous travaillons à réunir les

peuples dans une même pensée, dans une seule religion.
Nous apportons, selon nos forces, un grain de sable ou
une pierre pour élever la nouvelle cité, la cité universelle
qui rassemblera tous les hommes sous la loi du même Dieu!

FIN.